Oh, margem! Reinventa os rios!

CIDINHA DA SILVA

Oh, margem! Reinventa os rios!

oficina
r a q u e l

© Cidinha da Silva, 2020
© Oficina Raquel, 2020

Editores
Raquel Menezes e Jorge Marques

Revisão
Oficina Raquel

Assistente editorial
Yasmim Cardoso

Capa, projeto gráfico
Leandro Collares – Selênia Serviços

Obra da capa
Jorge dos Anjos

DADOS INTERNACIONAIS PARA
CATALOGAÇÃO NA PUBLICAÇÃO (CIP)

S586o   Silva, Cidinha da, 1967-
         Oh, margem! Reinventa os rios! / Cidinha da Silva. – Rio de Janeiro : Oficina Raquel, 2020.
         126 p. ; 21 cm.

         ISBN 978-65-86280-41-8

        1. Crônicas brasileiras I. Título.

                        CDD B869.8
                        CDU 821.134.3(81)-32

Bibliotecária: Ana Paula Oliveira Jacques / CRB-7 6963

www.oficinaraquel.com.br
@oficinaeditora
oficina@oficinaraquel.com

Este livro é de uma filha de Ogum amada e de outro amigo ogúnico, também muito querido, Sueli Carneiro e Ricardo Aleixo. Ela, porque completou 70 idades, ele, 60, nesse ano da graça da pandemia de Covid-19. Desejo vida longa, próspera e saudável a ambos.

Sumário

Uma carta de Maria Valéria Rezende — 9

Prefácio — 13

Nascente
Thriller — 17
Construção — 21
O dia que o livro foi traje de gala — 29
Musashi e Spider — 31
O carnaval — 35

Afluente
Wilson Simonal de Castro — 41
Fela Kuti na Broadway — 45
Luli Arrancatelha:
modelo, manequim e funkeira — 51
Evaldo Braga: um brasileiro — 59

Leito
O super 63
A dúvida 69
As latinhas 73
Os bailes 77
Acabou, Norma, acabou! 81

Foz
A benzedeira 87
Vocês não estão me ouvindo? 91
São três os meninos da minha rua 95
Prisioneiro 97
Ônibus especial 103
Solidariedade 107
Querubim pretim 111
O lugar de fala de quem se pergunta: em que inimaginável mundo novo vivemos? 119

Uma carta de Maria Valéria Rezende

Muito querida Cidinha,

Quando você sugeriu que eu fizesse um prefácio para este seu livro, meu coração se sentiu confortado pela sua confiança e amizade, e ainda se sente, e a primeira coisa que tenho vontade de lhe dizer, como sempre, é: Adúpé, minha irmã!

Li e reli seu livro, sempre com a emoção e a admiração que me provocam seus escritos, e me dispus a tentar produzir algo ordenado e suficientemente "objetivo" para se parecer a um prefácio. Mas então fui interrompida pela cena do assassinato de George Floyd, excepcional apenas porque foi visto "ao vivo" pelo mundo inteiro e assim condensou em si todos os milhares de assassinatos semelhantes que acontecem todos os dias nesta nossa triste terra, no resto do mundo, e os milhões de assassinatos, físicos ou morais, que constituíram parte inesquecível, ainda que ocultada, da nossa História, chamem-se as vítimas George, Miguel, João Pedro, Ágatha, Adama, Guilherme, Wilson, que conhecemos pelos jornais, ou Onirê, Barazinho, Querubim, Alexandra, Marina, Máximo, que encontramos nas páginas deste livro e tantas outras por quem passamos ao longo da vida, talvez sem vê-las.

A partir daquele momento, um turbilhão de emoções, daquelas que a gente não consegue desmisturar nem afogar, tornou-me incapaz de escrever um prefácio ou qualquer outra coisa ordenada. Uma mistura de sentimentos – de indignação e revolta, de impotência e inutilidade minha, junto com uma espécie de culpa por saber que essa secular e brutal injustiça me beneficiou neste mundo de cruel competição – deixou-me quase imobilizada durante esses dias. Não foi a primeira vez que senti isso, mas sempre acabava por me apaziguar e voltar ao "normal", a aceitar que "o mundo é assim", e que já tenho feito, ao longo da vida, "o que posso" contra as injustiças. Agora, porém, não é mais possível apaziguar-me sem que se transforme o mundo e ecoam, para mim, como revelação as palavras da pequena Gianna Floyd: "meu pai mudou o mundo"!

Então me pus a ler e reler, a ver e ouvir, textos, rostos e vozes pretas e percebi com clareza que esse é o caminho: segui-los. Só vocês podem nos guiar nessa luta e estão guiando. Uma grande esperança, então, vence a agonia em mim: não voltaremos mais para trás! Lembrei-me dos autores fundamentais que fizeram minha cabeça e me abriram os olhos, ainda na adolescência... fui reler Franz Fanon e me dei conta de que logo não haverá mais peles pretas cobrindo-se com máscaras brancas e, sem isso, não haverá mais como ocultar a violência que abateu por séculos o mundo todo! Mais importante, porém, é que não se privará mais a humanidade do tesouro de talentos, sabedoria, força, resistência e capacidade criadora ignoradas e reprimidas por séculos, mas cultivadas com todo cuidado pelas mulheres pretas, como farol a nos guiar! Só me cabe dizer, mais uma vez e para sempre: Adúpé, minha irmã, adúpé, meus irmãos!

Um grande abraço da Maria Valéria
15 de maio de 2020

Prefácio

Dentre todas as escritoras e escritores brasileiros contemporâneos, Cidinha da Silva tem uma das escritas mais singulares e vigorosas. Seu olhar alcança sutilezas do caos permanente, e da crueldade permanente, que é este nosso país chamado Brasil. Sua imaginação conjuga elementos pouco explorados pela literatura contemporânea – por isso é referência não só no cenário brasileiro, mas no exterior.

Nesta coleção de contos e crônicas, histórias e posicionamentos que expõem a complexidade da existência humana, sedimentando uma linguagem – e este é o papel incontornável da boa literatura – que contribui em muito para a afirmação de uma compreensão geral renovada, não só da realidade brasileira, mas da afirmação de uma nova identidade brasileira.

Fico tentado a expor aqui, em breves resenhas, o meu encantamento em relação a cada um dos textos aqui colecionados, tentado a analisá-los um por um, mas isso atenuaria de maneira imperdoável o impacto da primeira leitura, a experiência a que vocês, leitoras e leitores, que ainda não tiveram a sorte de ler este livro, tem, agora, a chance de vivenciar.

Ainda assim quero chamar atenção para a última narrativa desta coleção, "O lugar de fala de quem se pergunta: em que inimaginável mundo novo vivemos?", sobre a sensibilidade da autora, sobre a sua leitura criteriosa a respeito da, nada óbvia, tensão presente nos constantes embates de nossa rotina brasileira, rotina em que sobressai – em graus diversos, sempre sobressai – o velho e anacrônico racismo estrutural brasileiro. E nisso também, aqui, diante de vocês, com a força que este nosso tempo exige, um livro urgente.

Paulo Scott

Nascente

Thriller

Depois dos primeiros duzentos metros, vencidos como um velocista, Onirê encontrou uma senhora e pediu ajuda. Ela olhou para a camisa ensanguentada, abraçou a bolsa e apertou o passo. Será que ninguém tinha ouvido os tiros, a gritaria? Sinal fechado, carros parados. Os motoristas o observavam e desviavam o olhar, os surpresos, os fatalistas, os indiferentes. As mulheres fechavam o vidro, as crianças no banco de trás perguntavam o que era aquele homem cheio de sangue. Teve mãe que mandou criança calar a boca, sob pena de ser atacada por Onirê. Um jovem branco que ouvia um modão no último volume abaixou o vidro. Onirê apressou-se até o carro, começou a contar o que tinha acontecido. O sinal abriu, o motorista buzinou e arrancou, não sem antes gritar: tá assistindo muito videogame, moleque. Uma vontade de chorar, de desistir. O temor de encontrar algum policial que o enquadrasse e não acreditasse na sua história deixava um bolo no estômago e a garganta seca. Água, queria água. Sem documentos, sem dinheiro, ensanguentado. Vestia o uniforme da escola municipal, é verdade, mas e aquele menino alvejado pela polícia na favela do Rio que antes de morrer perguntou à mãe: por que o policial atirou em mim, mãe? Ele não viu que eu tava com o uniforme da escola? De todo modo, Onirê precisava de ajuda, tinha medo de não sobreviver sozinho. O desprezo doía na ferida, no osso, mas precisava insistir, buscar ajuda. Movimentou-se até um motorista de táxi que lhe deu atenção enquanto palitava os dentes, ouviu sua história e disfarçou a descrença: sinto muito, mas meu carro é alugado, não posso sujar o banco. Boa sorte aí, rapaz. Pediu auxílio a outro homem, uma senhora, uma moça. Todo mundo tinha medo, ninguém queria se envolver. O desespero de encontrar um carro da polícia ou um policial aumentava sua angústia. Não tinha mais sangue a perder. Uma sucessão de vultos exangues o comprimia na ilha da memória. Agora o ombro latejava e ardia, era o que o deixava alerta. Decidiu então correr de novo pela vida.

Lembrou-se de haver um hospital próximo, mas não estava certo sobre a direção a tomar. Pediu informação a um adolescente, parecido com seu irmão mais novo. Por sorte, o menino sabia. Mesmo muito assustado, temendo que algum perseguidor de Onirê se voltasse contra ele também, o menino Barazinho valeu-se do mantra da sobrevivência ensinado pelos pais em casa, nós por nós, e deu informações sobre a rota para o hospital. Onirê juntou todas as forças e vontade de viver e correu. Correu como um maratonista na reta final. A uma quadra do hospital, ameaçou desfalecer e implorou a um pipoqueiro: eu não sou bandido, me ajuda, senhor, por favor. O homem se levantou confuso e nem desligou o gás do fogareiro. Amparou o menino que podia ser seu neto e de imediato o avental branco ficou vermelho. A panela de pipocas transbordou e as flores do velho cobriram o chão. O que fizeram com você, meu filho? Tem atirador na escola municipal, eu estudo lá. Dois meninos invadiram o colégio com metralhadoras e machadinhas. Trancaram o portão, deram tiro pra todo lado e jogaram as machadinhas na gente que tentava fugir. Uma delas é essa que tá no seu ombro, meu filho? Sim, senhor. Eu pedi ajuda pra várias pessoas, mas ninguém quis me ajudar. O vendedor de pipocas não segurou o choro, mas manteve-se firme amparando o jovem guerreiro a caminho da portaria do hospital. Lá preencheu a ficha, assegurou que Onirê era conhecido dele. Valendo-se da amizade que gozava com os funcionários da enfermagem, logrou atendimento rápido. Não largou da mão do menino na maca até que a mãe chegasse. Um homão daqueles, dezesseis anos, forte como um touro, correu cinco quilômetros com uma machadinha enterrada na clavícula. Sabia pelos comentários das atendentes que, três semanas antes, um menino negro, forte, parecido com Onirê, dera entrada no hospital, resfriado. Como o caso era simples, a mãe o deixara lá na seção de triagem e foi resolver aflições do desemprego. Quando voltou recebeu o corpo do filho. Nenhuma explicação. Morreu. Alguém da família, enquanto mudava a roupa do morto, notou que as carnes das costas estavam flácidas, pareciam engolidas pelo vão dos ossos. Percebeu também corte e linha dupla costurando o peito, a barriga, dois lugares nas costas. Abriram para ver. Tinha estopa no lugar do coração. Nas costas, um imenso oco. O pipoqueiro não deixaria que a história de Onirê tivesse o mesmo desfecho.

Construção

No início de tudo, era chão batido. Ele não sabia como era feito. Sua lembrança da casa em obras começava no vermelhão, uma massa de cor intensa, à base de anilina, aplicada ao chão da cozinha. Crosta fina de cimento, areia, água e vermelho. O pai executava o serviço. A manutenção, feita com cera da mesma cor, cabia às crianças.

Nesse mesmo estágio da obra, que se estenderia por toda a vida, aplicava-se o amarelão nos dois outros cômodos, a sala e o quarto. De novo, cimento, areia, água e cor. Duas peças apenas, ainda bem. Única vantagem da casa pequena. O mesmo ritual da pasta vermelha se repetia com a pasta amarela na construção do piso. A manutenção novamente cabia às crianças. A cera amarela era pior para limpar dos dedos. Não raro, as irmãs, sem tempo hábil para cuidar delas, deparavam com um cantinho de cera à noite, em horas impróprias.

Quando a situação familiar melhorou, trocaram o piso da cozinha por uma cerâmica vermelha, espécie de taco mais largo, talvez menos comprido. Ele nunca entendeu porque o chão da cozinha da própria casa e das outras casas da vila era vermelho. Regra a cumprir, ou moda a seguir, dava no mesmo.

No último estágio da obra eterna, trocava-se a cerâmica por azulejos de estampas horrorosas, as mais baratas. Entretanto, não havia dúvida de que aquele era o material que permitia a limpeza mais fácil.

Na sala e no quarto, o pai assentou tacos de madeira, substituindo o amarelão. A atividade lhe dava especial prazer. Contava orgulhoso que aos 14 anos, quando primeiro assinaram sua carteira de trabalho, fora como assentador de tacos, na firma do *Seu* Pacífico, mas lá já trabalhava desde os nove. Por aí o filho constatava a modernidade de certos conceitos. Trabalho infantil, por exemplo, na época do pai não existia.

Assentados os tacos, iniciava-se outra tarefa inglória para as crianças: passar palha de aço no chão para amansá-los. "Passar" é eufemismo: a situação exigia esfregar com todas as forças e atenção para raspar uniformemente. O pai ensinou como devia ser realizado o trabalho, dos cantos para o meio, assim o malfeito pela preguiça não teria vez. A lógica do trabalho era que, no começo, mais descansadas, as crianças deveriam se dedicar à parte mais escondida, as laterais, ocupadas pelos móveis. O mais visível, o centro dos cômodos, ficaria para o final, porque, mesmo picadas pela mosca da preguiça, a visibilidade do espaço as obrigaria a fazer o serviço bem-feito.

Mas o amansamento dos tacos com a palha de aço produzia uma poeira infernal, um poeirão, como a batizaram, e todos os amansadores sentiam saudade do amarelão. Aquilo os fazia tossir, produzia coriza e engrossava as mãos. Dinheiro para creme hidratante não se via naquela casa e mesmo passar óleo de cozinha ou banha de porco na pele ressecada era escondido da mãe.

A aquisição de uma enceradeira elétrica modernizou o trabalho de dar brilho à casa. Uma irmã até tirou foto abraçada ao eletrodoméstico.

Do chão para as paredes, mais uma etapa da construção. O reboco cascudo feito pelo pai denotava falta de tempo para passar a desempenadeira.

As paredes nunca eram lisinhas como nas casas mais aquinhoadas. Mas, no ato de pintá-las, as crianças eram premiadas, podiam escolher a cor do quarto no vastíssimo leque de três opções: verde-pálido, azul--sem-fôlego e rosa. Tudo bem clarinho, porque uma pequena caixa de pó era diluída em um tanque de água e passava-se uma única mão de tinta na parede. Contudo, era divertido, os pequenos podiam apenas admirar um adulto trabalhando, sem qualquer obrigação infantil.

Das paredes para a laje, um salto nas alturas e na qualidade da participação dos pequenos. Dia de bater laje era dia de festa. Começava no dia anterior, quando a mãe ia ao supermercado comprar as carnes para a feijoada e deixava tudo imerso em tempero, para pegar gosto. As irmãs catavam quilos e quilos de feijão e arroz, descascavam alho, picavam cebola, cebolinha e salsa dentro das bacias feitas de lata de goiabada.

A gente nem conhecia a palavra reciclagem, mas era isso o que o pai fazia. Ele desmanchava a costura das latinhas de goiabada, abria uma por uma em cima da pedra de mármore, batia, batia com o martelo, transformava numa placa lisa, depois emendava com solda, dava forma e estava pronta mais uma bacia para usar na cozinha. Por fim, o artefato secava ao sol e descansava uns dias de molho na água com vinagre, para tirar o gosto da solda.

No dia anterior ao enchimento da laje, o pai providenciava a cerveja e uns refrigerantes no supermercado, tudo marca fundo de quintal. No raciocínio dele, a criançada queria mesmo era o bigode de espuma do refrigerante e o *"tchiiii"* do gás. Estava certo no diagnóstico, mas errado na receita, porque os refrigerantes que ele comprava praticamente não tinham gás, nem faziam espuma. A cachaça era encomendada de um alambique próximo.

O pai levava aquelas compras no carrinho do supermercado, todo orgulhoso e eu, menino, fascinado pelo pai provedor, acompanhava as compras e o transporte. Depois de despejá-las em casa para a mãe ajeitar na geladeira e de o pai dizer bem alto o preço de cada coisa, eu devolvia o carrinho vazio.

O dia de bater a laje, propriamente, começava de madrugada. A rapaziada ia chegando, alguns acompanhados das esposas, talvez uma ou outra noiva, namorada, doida para mostrar serviço e ser acolhida no clã. A filharada também vinha e os pequenos podiam brincar. Aos adolescentes eram destinadas algumas tarefas, distribuídas por sexo. Basicamente, mulheres de todas as idades na cozinha e homens e homenzinhos nas várias tarefas de preparação da laje: carregar areia, brita, cimento e água para a massa, prepará-la, encher vasilhas, carrinhos de mão, latas de 20 litros ou latinhas de 5, de acordo com o vigor físico ou a necessidade de exibicionismo do cabra. Era tudo transportado em andaimes inseguros de madeira, mas ninguém caía.

Por eles passavam também as vigas de ferro, cimento, os tijolos, tudo aos gritos, que o grito era demonstração exigida de força e macheza. A virilidade alheia era questionada nas mínimas atitudes do sujeito: na careta para erguer peso, nos queixumes sobre a dureza do trabalho, nas paradas para descansar fora dos momentos coletivos de descanso, até no deslocamento da área de serviço dos homens até a cozinha, terreno sagrado do mulherio, ou nas reiteradas escapadelas ao sanitário. Em qualquer dessas situações, o ser do sexo masculino era logo colocado no rol dos de "sexo duvidoso".

Homem que era macho tinha de rir das piadas machistas, contar vantagens de conquistador, com certo cuidado para localizar as puladelas de cerca atuais no passado, na vida de solteiro, de garanhão bem-sucedido, afinal, da cozinha, as patroas a tudo prestavam atenção. E, se descuido houvesse nas narrativas do Indiana Jones do amor, o sujeito podia receber uma descompostura na frente dos amigos – humilhação terrível – e, no caso das senhoras mais drásticas, podia haver greve de sexo em casa, castigo desesperador.

Bater laje era mesmo um ritual de iniciação masculina. Ali as mulheres eram coadjuvantes, mas se vingavam no território da cozinha, onde também falavam de sexo. Diferentemente dos homens que contam vantagem sobre as mulheres da rua e santificam a esposa, as mulheres contam vantagens sobre os homens de casa. Abordam metragens, práticas e técnicas presentes na relação com o marido, sempre com o cuidado de colocar as virgens ou pretensamente virgens para correr, porque aquilo era assunto de mulher casada.

A moçada se fingia de besta, mas observava certos silêncios. Sabe lá se, quando solteiro, o marido daquela prima não teria dado umas voltinhas com a irmã daquele cunhado e agora, todo mundo junto na cozinha, não estaria falando de assuntos bem familiares? Oxalá os tais encontros tivessem mesmo ocorrido na vida de solteiro.

Bater laje era uma escola, na qual se aprendia de tudo. A laje bem batida, depois do alicerce confiável, era condição essencial para os andares futuros que subiriam aos céus. Crescimento vertical da propriedade privada de quem não tem terreno. Multiplicação de tijolos e tetos do patrimônio familiar. O pai dizia que até joão-de-barro faz casa de dois andares. É passarinho sábio e trabalhador.

O dia que o livro foi traje de gala

Cerimoniosas, escolhemos na estante nossa melhor roupa. Aquela túnica-palavra que mais emprestasse sentidos para a vida. Palavras de amar, de desaguar, de comover, de temperar, movimentar, fazer vibrar, acordar, transcender, trovejar, de ventar fundo e causar tremor em todas as camadas das águas.

Nos vestimos belas e fomos para as ruas com nossas crianças que também escolheram as palavras que queriam vestir. Nossos livros ouviam e falavam pelo caminho até chegar ao lugar da grande escolha. Eram vistos, tocados, fotografados, inquiridos. Recebiam olhares de alegria, curiosidade, cumplicidade, consternação, aprovação.

A caneta e o lápis, companheiros fiéis dos livros, entraram em ação, e umas pessoas anotavam os títulos das outras para pesquisar depois, para ler.

Naquele dia o sonho da leitura como direito humano aconteceu. O sonho de sermos a agência da transformação pelo conhecimento, que antes de modelar os livros mora nas pessoas. O sonho do livro que não oprime, não humilha, do livro que é companheiro de luta e de caminho.

Naquele dia, orgulhosas, exibimos os livros que nos formaram, emocionaram, que nos fizeram mais humanas e que queríamos compartilhar com todos os seres, sem distinção. E fomos pássaros soltos, voamos alto. Continuamos em torno das roseiras, polinizando as flores, lutando e criando lugares de existência para permanecermos vivas.

Musashi e Spider

Mais uma luta do Spider, o campeão volta ao tatame e os meninos ressentidos entram em ação. Às vezes penso que os ídolos dessa moçada são tratados (e torturados) como Santo Antônio. O Santo é amarrado, posto de cabeça para baixo, afogado em penicos, toda a sorte de malvadezas para que cumpra o dever de conseguir casamento para a dona da imagem.

Com os esportistas, no plano simbólico, é a mesma coisa. Ai do atleta que não corresponder aos instintos, às táticas (neste caso de luta) ou, simplesmente, aos desejos dos fãs. A resposta é tortura verbal certa. Uns poucos são sinceros, assumem que se tornam rancorosos com ídolos que os decepcionam.

Corria frouxo o remi-remi de fã frustrado com ídolo que o desaponta até que alguém critica uma tática de luta do Spider que teria aberto a guarda, humilhando assim o adversário. O interlocutor discorda e menciona a luta entre Musashi e Seijuro, na qual o primeiro teria aberto a guarda para desestabilizar o segundo e quando este investiu confiante, aquele, já prevendo o golpe, o teria liquidado, como acontece tantas vezes também na Capoeira Angola.

A conversa então ficou interessante, onde é que Musashi lutou com Seijuro? No livro que li e que diante do solo arrasado da batalha de Sekigahara o narrador poetizava: "E depois de tudo, céu e terra aí estão, como se nada tivesse acontecido. A esta altura, a vida e as ações de um homem têm o peso de uma folha seca no meio da ventania...", não foi. Mas também não pode haver dois Musashi, meu herói é único. Onde teria ocorrido esta batalha que não li?

Musashi é o romance épico que mais me arrebatou até ontem. Quando faltavam umas 100 páginas para terminar a leitura, eu que lia 20, 30 páginas por dia, passei a ler duas (achando que estava rápido demais). Para as últimas 10 páginas devo ter levado uns 10 dias e quando, finalmente, fechei o livro, não pude acreditar. Como? Otsu foi vencida pelo destino reservado às jovens virgens do período Keicho, foi arrastada pela velha Obaba para cuidar dela até a morte e assim matou meu sonho romântico de que Otsu vivesse a prometida história de amor com Musashi.

Finda a leitura, deixei o livro bem à vista (não consegui devolvê-lo à estante) e olhava para ele todo dia como se assim pudesse convencer Yoshikawa a enviar para a editora capítulos psicografados da história para que ela não terminasse, para que vivesse e me mantivesse acordada por mil e uma noites. Os deuses de Musashi ouviram minhas preces, organizaram em resposta uma nova luta do Spider e, graças ao burburinho em torno dela, descobri que existe o volume azul, onde acontece a batalha de Musashi e Seijuro.

Eu não assisto suas lutas, Spider. Não sou devota de você, nem de Santo Antônio, mas continuo admirando os sentimentos bons que você desperta na gente achatada que o enxerga como vingador altivo, leal e de bem com a vida. Admiro a família negra que você constituiu. E te devo mais essa, malungo. Musashi só voltou para mim porque devotos do UFC estavam malhando o Judas.

É um perigo ser ídolo. Gente sempre se decepcionará com quem não atende suas individualistas expectativas. Dessa forma se sentiu decepcionado o poetamigo que se aproximou de mais um artista e concluiu: "quanto mais conheço artistas na intimidade, mais quero ficar perto dos meus amigos 'peão de obra'." E como ressoou sua declaração! Muita gente aplaudiu e concordou. Ainda bem que houve outro poeta, artista como eu, como o poetamigo, como os artistas que o frustram por quererem ser algo diferente do comum. Que se opôs à voz unificada e argumentou que "tem-se uma ideia muito errada do artista, considerado quase um Deus, por muita gente. Eu, por exemplo, artista da palavra que sou, não faço a menor questão de agradar ou de ser simpático. Isso tem muito de subserviência (ao público, à imprensa, ao status quo). Quem quiser que leia minha literatura, que não é feita para fazer amigos. É para inquietar e para o meu prazer, só isso. Sim! Sou apenas escritor."

O carnaval

Morávamos em casas de madeira chamadas chalés. Na frente e nos fundos, havia uma porção de peças. Sorte de quem conseguia uma peça grande na frente. Não tinha torneira dentro de casa, era na rua. Ali, no tanque coletivo, a gente lavava vasilhas e também a roupa. As ruas eram de barro vermelho. As casinhas de paredes brancas, pintadas com cal. Tínhamos de fazer pontezinhas para atravessar as ruas, sobre os valos. Não tinha encanamento de esgoto naquela época.

Em dezembro, começavam os assaltos das escolas de samba às casas dos vizinhos que tinham mais recursos. As apresentações eram na frente das residências, como se fosse um coreto. A turma vinha fantasiada e trazia o estandarte. Os foliões eram recebidos com muita comida e bebida.

Antes dos assaltos, já tinham saído as Muambas, um grupo de homens que fazia desfile prévio aos blocos no carnaval, para angariar dinheiro no comércio. Um saía vestido de mulher, outro com a fantasia do ano que passou. Andavam ali pela Oswaldo Aranha, pela Venâncio Aires. Escolhiam um ponto de boa circulação de pessoas, paravam, abriam o pavilhão, dançavam, cantavam, evoluíam e esperavam as moedas.

Seguido tinha movimento, ali. Havia uma escola de samba, No Calor da Rumba, meu broto desfilava lá. De olho nele, eu saía fugida dos meus pais e ia para o meio, dançava. Eles me puxavam as orelhas quando eu chegava em casa. Ardia que só, mas eu dormia feliz por ter saído no samba e por ter visto meu futuro marido. A escola desfilava no bairro, no domingo de carnaval. Meu pai era um dos que recolhia dinheiro para comprar alpargatas, além de papelão para fazer chapéus.

Na frente da escola, ia o responsável pelas acrobacias, o Remeleixo, hoje, o passista. O guarda do pauzinho cuidava das alas, ia à frente, organizando tudo. Não tinha mulher passista. As moças formavam a segunda ala do bloco, na parte de dentro, protegidas pelos rapazes. Mesmo nos sambas e marchinhas mais animados nos contínhamos. Éramos moças de família. Ninguém queria ser apelidada de Maria Geleia no carnaval.

Meu avô alugava fantasias, de pierrô, colombina, fraque e cartola, para a gente que podia pagar, de fora da Colônia Africana. Roupas para os grandes bailes. No primeiro dia de carnaval, os blocos apresentavam as marchas, os sambas enredo da época, no cinema Baltimore, para os componentes dos blocos e das sociedades carnavalescas. Depois, todos iam para casa se vestir ou fantasiar para participar dos bailes que começavam à meia-noite e iam até de manhã.

O desfile dos blocos e dos corsos de carnaval vinha desde a Praça Garibaldi, a Venâncio Aires, passava pelo HPS e seguia por todo o Bom Fim, indo até a Sarmento Leite. Cada bloco desfilava por mais de uma hora porque ia bem devagarzinho. Tinha gente assistindo dos dois lados, batendo palmas. Os carros paravam de vez em quando para cumprimentar as pessoas. Eram jogadas serpentinas do alto dos sobrados e ficava aquela amarração de fitas coloridas nos carros que andavam e iam puxando linhas de cores muitas para todos os lados.

Os blocos ensaiavam nas cavernas. Caverna era assim: uma casa, com um pátio. "Vamos à caverna dos Turunas, à caverna dos Prediletos." O pessoal falava assim.

Tinha os blocos cômicos também, com homens vestidos de bebê, de mulher, que desfilavam à tarde, não tinha nada à noite. Você pode pensar hoje que era tudo inocente, mas não era. Os blocos humorísticos faziam muita crítica, principalmente aos políticos. Por isso, o prefeito biônico acabou com eles em 1970.

Quando era pequena, me intrigava a figura do Zé Ninguém-Sabe. Um sapateiro, daqueles de lanterna na testa para trabalhar com pouca iluminação. Viúvo, não tinha filhos. Pouco falava, nunca sorria. Só trabalhava. No carnaval virava o Zé Remeleixo, o homem guardado entre a pancada do martelo e o prego dos sapatos.

Afluente

Wilson Simonal de Castro

Quando perguntado se o sucesso o tinha deixado mascarado, Simonal respondeu: "Eu sempre fui mascarado!" Um preto que diz ao mundo – eu sou e me basto – é um preto condenado à morte.

O homem que encontrava problemas raciais, apesar de se chamar Wilson Simonal de Castro, e declarava isso antes de cantar um hino a Martin Luther King Junior, é um negro que sabe de si. De Castro, porque Simonal era corruptela de Simonar, sobrenome do médico que ajudou a sustentar sua família, supostamente mal entendido pelo tabelião no momento de registrá-lo.

Um negro sabedor de si incomoda muita gente. Se, além disso, for sofisticado, incomodará muito mais. Se fizer dueto com Sarah Vaughan, se cantar samba de um jeito diferente e apaixonante, se interpretar Tom Jobim como se a música do maestro houvesse sido composta para a voz dele, se levar 40, 60, 80 mil pessoas no Maracanãzinho ao êxtase, cantando afinadamente "Meu limão, meu limoeiro", sob a regência dele, um preto mascarado, incomodará ainda mais. À direita porque domina a massa, à esquerda porque diverte a massa.

Disseram no filme que, Simonal, o rei do *swing*, caiu no ostracismo porque não teve jogo de cintura. Conclusão torpe. A rima é outra; ele sucumbiu por racismo e, é lógico, contribuiu pessoal e enfaticamente para o previsível desfecho da história com sua arrogância de preto bem-sucedido, cercado de brancos, traído pela altura do Kilimanjaro.

Rei iludido, blefou ao dizer-se apadrinhado pelos milicos da ditadura. Achou que a afirmação teria o efeito cândido da amizade nutrida pelo sargento da Polícia Militar da esquina, com quem crescera. Rei refratário a entender como funciona a política, cavou a própria cova, enfeitiçado pelo sucesso. E todos, a direita, a esquerda, a imprensa, a plateia branca magnetizada e os artistas concorrentes já tinham as pás de cal para enterrá-lo.

Ninguém sabe o duro que você deu, meu velho, mas a inveja dos 320 shows por ano te derrubou. Você, como definiu alguém, não se achava o rei da cocada preta, você *era* o rei! Mas não podia esquecer que preto na plateia de sua apresentação consagradora na Record só mesmo Gilberto Gil, extasiado, seguindo suas ordens de regente.

A vida não foi suave contigo, Simonal. Mas você também errou, meu rei! Sentou-se à mesa de garfo e era dia de sopa! Esqueceu-se de que era um preto reinando entre brancos.

Fela Kuti na Broadway

Perguntei ao recepcionista vietnamita do *hostel* como chegar ao museu do Brooklyn de metrô. Ele me olhou com cara incrédula, pediu desculpas e afirmou orgulhoso que só lidava com Manhattan – o que já era muita coisa. Agradeci.

No caminho do metrô, encontrei um garoto que distribuía propaganda de um espetáculo da Broadway. *Fela!*, era o nome. Eu já havia visto muitos cartazes sobre o show, mas nem me detive, julguei que teria um preço exorbitante. O garoto, Michael, me explicou a disposição das cadeiras no teatro, os preços de cada setor, o número de músicos, dez ou doze, o número de atores, atrizes e bailarinos, mais de quinze, a monumentalidade do espetáculo. Decisão difícil. Eu iria embora no dia seguinte e, à última hora, não conseguiria bons preços. O garoto insistia, valia a pena. Outra opção seria assistir à matinê, com ingressos mais em conta, mas o horário ficaria apertadíssimo para o deslocamento até aquele aeroporto monstruoso. Há sempre que contar com a possibilidade de nos perdermos dentro dele e, se isso acontecer, é bom contar com uma reserva de tempo.

Michael fez a pergunta de praxe, de onde eu era. Quando respondi, o garoto desatou a falar de futebol. Perguntou como um técnico deixava de fora da Seleção o Ronaldinho Gaúcho. Era a pergunta que também nos fazíamos, respondi a ele. O Ronaldo Fenômeno ele também convocaria. Expliquei que para o Ronaldo não dava. Ele se lembrava do Dida, goleiro da Seleção. Comentamos como ele integrava uma estirpe de goleiros econômicos no gestual e precisos na ação. Falamos também de Robinho, Maicon e mais sobre Ronaldinho Gaúcho.

Perguntei, enfim, sobre a localização do Museu do Brooklyn. Meu amigo morava lá e me ensinou o caminho. Estava à procura das obras do Basquiat, seguindo a orientação do posto para turistas, mas este é tema para outra história. Deixei na esquina um Michael surpreso porque eu conhecia Basquiat e queria ir ao Brooklyn para vê-lo. Resolvi assistir ao musical. Fui ao teatro e comprei o ingresso, aproveitei para me familiarizar com o trajeto que faria à noite, caminhando. Deixei o panfleto para que Michael ganhasse a comissão atribuída aos divulgadores, como ele me explicou. Fiz questão de anotar seu nome e o local onde conversamos, 42nd St e 6th, talvez isso garantisse algum dinheirinho extra para ele.

Minha primeira vez na Broadway. Teatro lotado. Muita gente que, como eu, conhecia e admirava a obra de Fela Kuti. Outros que o achavam *cult* ou exótico. Turistas que não tinham ideia do que faziam ali. O *script* era comprar, comprar, comprar durante o dia, tirar fotos e sentar-se na escadaria da 44th St com a 6th ou 7th para tentar aparecer em um dos telões espalhados pelos prédios. À noite, um espetáculo cultural antes da gastronomia, Fela Kuti, o criador do *afrobeat,* era o programa da vez.

Entrei no teatro e surpreendentemente fui conduzida a um ótimo lugar. Ainda bem que cheguei cedo, pois meia hora antes de começar o espetáculo, a banda se apresentou. Era a parte branca e oriental do elenco.

Era perceptível a diferença de hábitos do público. As pessoas levam para as cadeiras aqueles copos gigantescos de refrigerante ou latinhas, além das bebidas mais quentes, como no cinema. O próprio material de divulgação convida: "Você é bem-vindo a beber na sua cadeira enquanto assiste ao show". E mais, o bar fica aberto durante o espetáculo, do início até o final da segunda parte. Você pode sair do seu lugar, tomar um drinque e voltar. Não sei se todos os teatros seguem essas regras, o Jujamcyn seguia.

É mesmo uma superprodução! Cada pequeno espaço do teatro torna-se parte do cenário, ornamentado por máscaras étnicas, fotografias, imagens, pinturas, colagens, objetos diversos do universo criativo de Fela.

A banda se retira e tem início um espetáculo de teatro, música e dança de duas horas e meia. O texto é excelente, todo baseado na biografia autorizada de Fela, escrita por Carlos Moore que, aliás, processava os produtores, pois montaram o espetáculo à sua revelia. Havia atores e atrizes bons, outros nem tanto. O ator principal, Sahr Ngaujah, tem performance corporal e textual ótima, mas é fraco no canto. Saycon Sengbloh, por sua vez, a atriz que interpreta Sandra, a amante nova-iorquina de Fela, cantava muito bem. Outro destaque, o maior que pude ver, foi Lillias White, representando a mãe de Fela. O percussionista estava mais para *performer* espalhafatoso do que para músico e um ou outro ator se destacava no canto ou na dança.

Fomos expostos a uma compreensão estadunidense-nova-iorquina dos Orixás. Xangô, por exemplo, só consegui reconhecer pelo oxê. Tornaram-no um orixá emplumado, um misto de representação zulu com a cena da caça às aves selvagens da tumba de Nebamun. E muita dança, muita coxa em destaque, muito suor dos bailarinos. Afora o texto e a interpretação de Lillias, nada me emocionou, realmente. Foi meu batismo no esquemão da Broadway.

Luli Arrancatelha: modelo, manequim e funkeira

"Estamos aqui, nos estúdios da TV Aurora, o seu canal do século XXI, para entrevistar a Cinderela do funk nacional, Luli Arrancatelha. De antemão agradecemos à artista, que, como é do conhecimento do querido telespectador, é avessa a dar entrevistas. Aliás, este será um dos temas explorados em nossa conversa de hoje: por que Luli não gosta de conversar com a imprensa? E mais, saiba detalhes sobre os amores, a família, as influências musicais e poéticas, a carreira, enfim, tudo sobre a vida profissional e pessoal da nova musa do funk."

"Luli Arrancatelha é funkeira de sucesso, e depois do desfile arrasador no *Madureira Fashion Week*, é a mais recente modelo e manequim da área. Não perca nesta entrevista franca e bombástica, detalhes da vida da ex-cozinheira de creche na Cidade das

Mulheres, recentemente alçada ao posto de rainha do funk."

"Com vocês, a destemida, o furacão pós-feminista, a mais querida das popozudas, Luli Arrancatelha. Palmas, minha gente, palmas."

"Luli, minha querida, é um prazer recebê-la em nosso programa. Vamos começar com a pergunta que não quer calar: por que você não gosta de conceder entrevistas?"

"Olha, Cidinha, é muito chato. Sempre perguntam a mesma coisa. Eu passo duas, três horas falando e depois a mulher – é sempre mulher que faz a reportagem – publica uma página e, às vezes, nem é o que eu falei. Acho também que com esse negócio de eu ter virado celebridade, o pessoal quer entrar muito na minha vida íntima e, como a Preta Gil, minha amiga de fé, me explicou, a Luli Arrancatelha é uma personagem. A Maria das Dores sou eu, assim como o Pelé e o Edson, sabe? Depois, eu tenho um ódio daquelas cadernetinhas de jornalista. Já chegam com as perguntas prontas. Agora, na televisão eu já gosto mais de ir".

"Por quê?"

"Ah, na televisão o pessoal é mais chique e mais à vontade, não tem esse negócio de muito intelectual, não.

Eu venho aqui, sento nesse sofá confortável. O bonitão ali da câmera procura meu melhor ângulo, tem cafezinho, maquiagem de graça, maquiador simpático. Todo mundo trata a gente bem, pede autógrafo. Entrevista pra revista eu não dou em casa, cansei. Quando ofereço café, a jornalista pede água. Elas sempre olham desconfiadas pra saber se o copo tá limpo. Elas sentam no sofá da minha casa com medo de manchar a roupa de gordura e é uma ofensa pra minha mãe, que deixa tudo tão limpinho. Não gosto de receber esse povo, não."

"Já que você introduziu o tema, vamos falar um pouco sobre sua família, porque o público quer saber, não é? O ídolo se torna quase um membro da família do telespectador e ele quer saber como se comportam os parentes. Sua mãe, *dona* Divina Maria, como encara seu trabalho, antes e depois do sucesso"?

"Olha, minha mãe sempre exigiu que a gente trabalhasse, eu e os três meninos. Não podia roubar, nem traficar. Era só ameaçar com más companhias e ela quebrava o cabo da vassoura nas costas da gente. Tinha que ter trabalho honesto. Eu sempre trabalhei como cozinheira, todo mundo já sabe disso, e o funk no começo era só diversão. Eu saía no final de semana pra dançar e pra curtir, não tinha marido pra me prender em casa. Eu já estava há uns meses sem pegar ninguém e comecei a fazer umas musiquinhas me oferecendo e também provocando os caras, só pra zoar. O pessoal gostou e quando eu passava na rua a meninada cantava o refrão das minhas músicas. Começaram a me dar o microfone nos bailes e eu mandei pra geral. Quando cheguei em casa com dinheiro e disse que era cachê de show, minha mãe não acreditou muito, mas como ela sempre soube que meu dinheiro era reto, deu um crédito." "Os shows passaram de sábado e domingo pra quinta e sexta também. Aí, depois de um mês, eu já ganhava o equivalente a seis meses de trabalho na creche. Conversei com minha mãe direitinho, expliquei, ela ouviu, me olhou, falou que tava me achando mais risonha mesmo e apoiou. Minha mãe sempre foi assim com a gente, e é assim que eu sou com meus filhos, linha dura na educação, mas ninguém quer mais a felicidade deles do que eu."

"Você se emociona quando fala das crianças. Conta para o telespectador como é a sua relação com elas"

"Ah... me emociono mesmo, só me dão alegria. Até o trabalho elas dão é pra minha mãe, porque ela é quem cria. Não que eu não goste delas, é que eu preciso trabalhar e minha mãe educa melhor. Minha avó me criou e minha mãe cria os meus filhos."

"Você teve agora sua terceira filha e ela recebeu um apelido carinhoso no hospital, não foi?"

"É verdade, já foi o reconhecimento do meu sucesso. O nome dela é Kadija, minha primeira menina. As enfermeiras lá do hospital gostaram dela. Também, com aquelas bochechas, quem não gosta? Apelidaram ela de Kadija Destelha Berçário, tudo de bom."

"Kadija é um nome africano, como você o escolheu?"

"Ah é uma prima minha, escritora, que escolhe o nome dos meus filhos. Um dia, ela me disse que vários povos africanos contam a história da família pelo nome que colocam nos filhos, e eu adorei isso. Decidi contar a história da minha vida nos nomes que escolhia pros meus filhos. Eu sempre quis ter uma menina, acho que era vontade de brincar de boneca. Já tinha nome e tudo. Seria Nzinga, nome de rainha, comandante de exército, e a menina nasceria num momento de muita batalha. Eu tinha 14 anos quando engravidei pela primeira vez. Mas aí veio um menino e eu registrei com o nome de Kiluange, que era rei também, pai da Nzinga. Meu segundo filho, outro menino, nasceu num tempo em que comecei a cantar e a ganhar dinheiro. Larguei a cozinha da creche, fiz os primeiros shows. Meus horizontes estavam se abrindo, como minha prima me disse. Aí escolhi o nome de Sundjata, um imperador, dono de um grande reino na África. Dizem que suas conquistas de terras foram maiores do que as de Alexandre, o Grande".

"Poxa, Luli, que história bonita! Sua prima escreve o quê?"

"Poesia."

"E você lê a poesia dela?"

"Leio e gosto muito. Ela fala de mim, dela, da vida da gente na Cidade das Mulheres. Tem uns poemas que colei na porta do meu guarda-roupa e levo em etiquetas pra colocar no espelho do camarim."

"É mesmo? Você se lembra de algum?"

"Lembro, sei de cabeça: *Quando esse fluxo mensal poético inunda meu sistema nervoso, neste corpo cheio de poros, sei muito bem do meu osso.* Tem outro que adoro: *Tem amor que dá no peito, tem amor que dá no pé.*"

"Bonito, mesmo. Ela mora na Cidade das Mulheres também?"

"Mora. Nós todos moramos lá. É como família de rato. A gente não se larga, não."

"Qual é o nome dela? Aproveita a televisão para divulgar."

"É pra já: é Maria Tereza Moreira de Jesus. Tereza com Z. Ela odeia quando o pessoal escreve com S."

"Ela tem livro publicado?"

"Tem dois. Um se chama *Ruídos* e o outro, *Negrices em flor.*"

"Muito bem, Luli. O tempo da televisão é curto, mas não podemos encerrar a entrevista sem fazer outras perguntinhas de praxe. Antes disso, o telespectador quer saber o significado de Kadija."

"Ah, essa é uma heroína de um livro, uma comerciante. O marido costurava e bordava e ela saía em comitiva pelas vilas, vendendo os bordados dele. Eu tava na rua, vendendo minha arte quando senti as dores de parir. Minha filha nasceu na estrada da vida e quero que ela seja assim, uma mulher que vai à luta. Kadija é também a mãe dos muçulmanos, mas eu só soube disso depois de escolher o nome, conversando com um irmão de Alá. A força da personagem do livro é que me encantou."

"Muito bem. Vamos lá, pingue-pongue para encerrar. Respostas rápidas. O que é o sucesso para você?"

"É manter a humildade, as raízes do trabalho e sustentar meus filhos com dignidade."

"Você ganhou o título de Cinderela do funk. O que pensa disso?"

"Pra mim não fede, nem cheira, não me iludo com conto de fadas. Eu sei o quanto preciso ralar em cima do palco pra dar comida e escola boa pros meus filhos."

"Sempre perguntam o que você faz com seu dinheiro. Eu quero perguntar o que você acha dessa pergunta."

"Acho ridícula. Acham que porque a gente é preta e da favela, a gente é burra e a conta bancária é pra conhecimento público. Já perguntaram até se eu tinha conta bancária, você acredita? Por isso não gosto de dar entrevista. O pessoal não me respeita."

"Luli, para finalizar: você caiu no gosto dos moderninhos, se mudou para São Paulo, faz sucesso em novelas e convive com gente rica. Como se sente nesse meio?"

"Pra mim é bom. Quero cantar e arrumar meu dinheiro. Que o sucesso venha da classe alta, média ou baixa, não me interessa. Depois do show eu lavo o rosto, tiro a maquiagem que eu nem uso, olho pro céu e agradeço a Deus pelo pão dos meus filhos que vem do meu trabalho. Quando chego em casa, do alto enxergo o morro da Cidade das Mulheres. Ali sim, eu tô perto das estrelas e sou sucesso nas paradas."

Evaldo Braga: um brasileiro

Eu tinha 5 anos quando o Evaldo Braga morreu num acidente de automóvel na BR-3. É uma das lembranças mais vívidas da minha infância. Minhas tias e todas as outras empregadas domésticas do bairro choraram como se tivessem perdido alguém da família, ou um grande amor. Nos rádios da construção civil só se ouvia Evaldo. Os homens do trabalho braçal disfarçavam a forte fisgada sentida no peito. A morte do cantor levara um pedaço deles. Também nos cabarés das cidades do interior do Brasil, o clima era de luto.

Sei, desde então, quatro músicas inteiras de um pequeno repertório que não ultrapassou vinte canções gravadas. Minha predileta é "A cruz que carrego", não pela letra, propriamente, mas por um violão ou bandolim que dá um toque flamenco aos primeiros versos. Aquela pequena sofisticação de arranjo reverbera na minha cabeça há quase quarenta anos.

Reza a lenda que Evaldo Braga fora abandonado pela mãe em uma lata de lixo. Era prostituta, não tinha condições para cuidar dele. Aqueles ainda não eram tempos globalizados, mas a mídia se encarregou de explorar e massificar a tragédia do abandono, de Evaldo e de milhões de brasileiros. Como resultado disso e o acréscimo de uma voz poderosa, afinada e de longa extensão, Evaldo chegou a superar artistas como Roberto Carlos na vendagem de discos.

Sua história se tornava ainda mais espetacular ao saber que ele fora engraxate em frente à rádio Mayrink Veiga, talvez uma estratégia para se aproximar de cantores e mostrar seu talento. Ao "destino cruel que o empurrava para o inferno" ele opunha um sorriso, porque "o próximo dia seria bem melhor". Dizem que daí nasceu o bordão imortalizado pela publicidade décadas mais tarde: "Sou brasileiro, não desisto nunca".

Evaldo Braga era daqueles exemplos de persistência e superação, de resiliência, se quiserem os educadores. Pena que a potência de sua tragédia tenha sido apenas midiática. Pena que nunca tenhamos discutido a fundo, porque, ele mesmo, se intitulou "o ídolo negro".

Leito

O super

A mulher foi à delegacia para saber se o delegado tinha notícias do marido espancador. Embora parecesse que ele foi procurar outro saco de pancadas, ela pede proteção policial para o caso de o sujeito voltar.

Tem um investigador no fundo da sala, com a perna direita recostada numa porta interna. Passa a mão na barba bem feita e atrás dos óculos escuros olha fixamente para ela que, distraída, pesca o olhar dele e analisa o peixe. Bem-apessoado, parece calmo, mas puxa o freio de mão: é policial. Entretanto, o ex-marido era mecânico, não era alcoólatra e batia nela. Quem vê profissão, não vê coração. Prossegue o exame. Sexo sem violência ela não sabia o que era há muitos anos. Podia dar uma chance ao sujeito, não custava.

Troca de olhares vai, troca de olhares vêm, o pretendente a acompanha até o lado de fora da delegacia, conversam um pouco e ela dá o telefone a ele. No fim daquele mesmo dia, ele liga e a convida para um sorvete. Há quantos anos ela não toma um sorvete. Em um parque, uma sorveteria, há séculos. Ela não sabe o que vestir, não tem o que vestir. No guarda-roupas, não tem bermudas ou saias acima do joelho, blusinhas floridas. Só vestidos de cores mórbidas, duas calças jeans de dez anos passados. Por fim, encontra um vestido mais alegre, uma única sandália aberta. As unhas, assusta-se, estão horrorosas. Precisa colocar os pés de molho na água morna. Pinta ou não pinta? Resolve que sim, mas não consegue. O vidro de esmalte virou goma.

    Chega a hora combinada. Ela se dirige àquele que seria o primeiro de muitos sorvetes. Cassiano é o nome do investigador. Um homem gentil, educado. Tem só o segundo grau, como ela, mas está juntando dinheiro para fazer o curso de Advocacia. É solteiro. Isso a intriga. Por que nunca teria se casado? Lembra-se do ex-marido. Cogita a possibilidade de que Cassiano seja um lobo em pele de cordeiro, e sente arrepios. Ele parece ler o pensamento dela e diz: "Sabe, Marina, infelizmente, muitas mulheres passam pela mesma situação que você e, a cada denúncia, eu tenho vergonha de ser homem". Ela olha nos olhos dele e vê sinceridade. Fica comovida, alegre e triste.

Os sorvetes se repetem, os dias passam e ela está louca para fazer amor com aquele homem especial, como ela o descreve para as amigas. Uma delas aventou a possibilidade de ele ser gay. Um homem moderno, saudável que só convida a mulher para tomar sorvete, comer brigadeiro, andar de pedalinho na lagoa do parque, mas nada de motel, é estranho.

Enfim, o grande dia acontece. Os dois estão ansiosos. Ela tenta tocá-lo. Cassiano tira a mão dela com toda delicadeza. Tenta vê-lo nu. Ele puxa o lençol para cima de ambos. Marina propõe deixar a luz acesa, ele argumenta que no escuro é mais romântico. Paciência! Marina deixa o barco correr no ritmo dele.

Como Cassiano tinha aquelas firulas todas, Marina fantasiou um artista multitalentoso na cama. Pura frustração. Era cantor de uma nota só. Entendeu isso quando ele se acomodou em cima dela, ajeitou-se com a mão e começou um vai-e-vem manso. Ela fechou os olhos para sentir mais, mas, quanto mais se concentrava, mais crescia a sensação de cócegas. Não aguentando mais, estourou de rir. Cassiano, irritado, amuou no canto da cama, voltado para a parede e com as mãos entre as pernas. Já tinha passado por tudo, mas acesso de riso, não.

    Ela, então, o procura, compreensiva e os dois ensaiam uma conversa sobre a situação. A culpa daquilo tudo fora do irmão gêmeo dele, o Cássio. Desde pequeno o irmão era um jumento, e a família achava que, mais cedo ou mais tarde, o dele também iria crescer. E, mesmo reclamando, ninguém tomou providência a tempo, aquele era o resultado. Marina pergunta por que ele não compensa de outras formas, não faz outras coisas, já que em um ponto é tão criativo com os sorvetes, os brigadeiros, o pedalinho... Constrangido, ele pede desculpas. Explica que o sexo é raro e quando tem chance de fazê-lo, fica ansioso. Precisa aproveitar o embalo porque as mulheres desistem logo, não costumam repetir. Marina sente pena.

    Ironicamente, os dois irmãos têm o mesmo problema, por motivos diferentes. Cássio também tem poucas relações sexuais, mas porque é grande demais. Marina fica intrigada, as mulheres costumam gostar tanto. Não, ela não estava entendendo. Certa vez, uma prostituta se recusou a fazer sexo com o irmão. "Aqui não, você não me leve a mal. Mas se dou para você hoje, fico arrombada e lá se vão quatro ou cinco dias para me recuperar. Tenho filhos me esperando para comer, não posso, não". A prostituta mandou o Cássio procurar por rapazes, mas não daria certo, ele gosta de mulher. "Eu também! Antes que você pense qualquer outra coisa de mim".

Marina está consternada, quer ajudá-lo, entretanto, não sabe como. Os dois conversam, brincam, bebericam umas coisas, comem outras. Ela conta que teve mesmo certeza de desejá-lo quando percebeu o vigor das pernas dele no pedalinho. Ele, por sua vez, apaixonou-se pelo olhar firme que ela dirigiu ao delegado para cobrar satisfações. O clima de cumplicidade aumenta. A vontade do sexo vem outra vez. Ele, confiante, confessa a ela que com o passar dos anos encontrou uma saída para melhorar a performance. Quem sabe ela não topava conhecer o amigo que o ajudava. Marina rejeita a sugestão. Outro homem? Não, de forma alguma. Só ela e ele. Admira-se, inclusive, de ouvir uma proposta daquela. Não, não se tratava de outro homem, Cassiano explica. Era um amigo. "Que tipo de amigo"? Ele toca o rosto da amante com doçura e pede que ela confie nele. Ela pensa, pensa, resolve confiar.

Cassiano nem desce da cama para buscar o amigo. Estica o braço e puxa a maleta 007, digita o segredo. Olha para Marina com olhos derramados. Cobre o rosto dela com o lençol. Vira de costas e pega o amigo, ajeita-o acima do quase-nada. Coloca a capa, sobrevoa o corpo dela. Marina goza, geme. Ele se levanta cuidadoso. Sorri feliz. Grita de felicidade.

A dúvida

Cada detalhe da sala de recepção repleta de cartazes era observado por Paula. Mensagens de cuidado com o amor-próprio, alertas sobre a violência contra mulheres e crianças, locais de denúncia e busca de apoio. Haviam também cartazes de seminários, imagens de mulheres felizes e sorridentes em situações de interação com outras.

Ela espera a vez de ser atendida e folheia as publicações dispersas pela mesinha. São pequenas e de rápida leitura: uma fala sobre prevenção do câncer de mama, outra do câncer de útero, outra sobre DSTs e AIDS. Esta mobiliza seu interesse. Ela lê com mais atenção. Vê que há vários exemplares. Antes mesmo de perguntar, a recepcionista responde que ela pode levar, se quiser. Ela agradece e coloca dois exemplares daquele sobre AIDS na bolsa. Continua folheando. Chegam duas outras mulheres. A funcionária explica que serão atendidas primeiro porque têm hora marcada. Paula veio sem aviso, será encaixada logo depois.

Ela sente certo alívio, pois ainda não sabe como abordar o problema. Até hoje, só conversou sobre suas atividades profissionais no próprio ambiente de trabalho, com amigas e clientes. Nem considera o trabalho como profissão, afinal, não escolheu, foi jogada nele.

A secretária a chama e Paula entra na sala pintada de amarelo vivo. Fica encantada com as almofadas coloridas e a casinha com fogo onde borbulha uma água cheirosa, coisa que ela nunca vira antes. A psicóloga a recebe na porta, sorri afável, convida-a a sentar-se. Ocupa outra cadeira, não há mesa separando as duas, como noutros consultórios. Começam a conversar. "Então, Paula, como vai? Em que podemos ajudá-la? Daqui a pouco eu vou pedir para você preencher um formulário de cadastro, tudo bem?" "Não, senhora. Quer dizer, eu sei ler um pouco, mas não sei escrever." "Foi bom você ter avisado. Não tem problema, eu te ajudo. Mas o que te traz aqui?"

"Bem, doutora"... "Por favor, não me chame de doutora, meu nome é Jucinete, já lhe disse. Pode me chamar de Ju, se quiser." "Bem, doutora Jucinete, quer dizer, Jucinete, eu sou puta, sabe!? Foi uma colega que me disse que vocês atendiam mulheres aqui, então eu fiz o último programa, tomei banho e vim." "Sim, fique à vontade, continue. Depois te explico como trabalhamos." "Eu sei mais ou menos. Minha colega disse que vocês fazem exames, dão orientação, camisinha. Eu vim mesmo para tirar uma dúvida." "Estou aqui para ajudá-la, Paula, pode falar." "É o seguinte, eu sou puta, já falei para a senhora"... "Sim, você já disse e sabe que conosco não existe problema quanto a isso, certo?" "Sei sim, senhora." "Então, fale!" "É que, na rua onde eu trabalho, nós somos seis mulheres. Cada uma faz dez programas por noite, é a exigência do cafetão. Às vezes faz onze, doze, quando o movimento tá bom, em dia de pagamento, pra tirar um extra também, sabe? "O problema é que minhas colegas brancas fazem dez programas por noite e, a gente que é preta, o cafetão obriga a fazer quinze. E, quando a gente reclama, eu e a outra colega preta, ele ameaça bater e diz que é assim porque preta aguenta mais.

"Eu não aguento, não senhora. Nem a minha colega, mas ela tem vergonha de vir aqui perguntar. Eu vim saber para nós duas, se eu e ela estamos doentes, porque preguiçosa a gente não é. Mulher preta precisa aguentar mais, mesmo?"

As latinhas

Minha editora pauta uma crônica-síntese sobre o Natal, o Ano-Novo e o carnaval, mas só as latinhas povoam minha cabeça sem ideias. Gente procurando latinhas em todos os cantos e praças, cestos de lixo, caçambas e bares, de tocaia nas mãos de quem bebe refrigerante e cerveja. Latinhas por todos os poros, samba triste no meu cocuruto.

Uma senhora branca entra na lanchonete de olho comprido na minha latinha de suco. Constrangida, remexe a lata de lixo próxima a mim, perco o gosto pela empada. Para no balcão e cumprimenta a atendente, pergunta pela colega de trabalho da moça. Recebe a informação de que goza férias no Espírito Santo, Praia dos Mineiros. Sorri e vai embora, não sem antes olhar para minha latinha, ainda em uso.

Termino o lanche, entrego o pratinho para a atendente que sorri, agradecida. Algo me diz para deixar a latinha sobre o balcão. Deixo. Saio à rua, a senhora espera minha saída à porta. Penso em dizer qualquer coisa, mas não há tempo, ela abaixa os olhos e a cabeça, entra depressa, recolhe a latinha, retira o lacre semiaberto e reserva na bolsa. Escorre as gotas remanescentes, coloca a latinha no chão, amassa com o pé e guarda na sacola. Foi mais rápida do que a concorrência, conseguiu uns gramas a mais até o fim da noite.

Quando chego ao bairro antigo, a vista engana e parece que avisto uma amiga de adolescência catando latinhas. Comento com o irmão, ele confirma o que os olhos temiam ter visto, era a Marilúcia exercendo o novo ofício de catar latinhas. Mas o que aconteceu? Ela tinha família, trabalhava, embora fosse para ela mais difícil arrumar trabalho. Era a "sapatão" do bairro, se vestia como menino. Quando passava pelo ponto final do ônibus, cobradores e motoristas cantavam o *hit* do Chacrinha, sucesso da época: "Maria sapatão, sapatão, sapatão, de dia é Maria, de noite é João". Ela não dizia palavra. Às vezes, quando encontrava a gente pelo caminho, xingava os caras, mandava uns palavrões e gestos obscenos. Aproveitava para combinar o futebol de salão do final de semana e ia embora.

A sexualidade da Marilúcia sempre foi uma incógnita, embora parecesse tão escancarada. Ninguém, nem as amigas, conheceram uma única namorada dela. Ela nem falava de amores-mulheres, que eu me lembre. Era só aquele jeito de se vestir para se comunicar com o mundo, como esse pessoal que tatua vastas extensões do corpo.

Cravo o mano de perguntas, quero entender as fissuras da trajetória de vida dela. Ele não sabe de nada, só o que todo mundo sabe. Marilúcia ficou muito tempo doente, com um problema no pé ou na perna, não podia andar. Agora, curada, caminha pelo bairro e cercanias com uma sacola de supermercado pendurada na mão direita, um cigarro aceso na mão esquerda, que parece nunca acabar, tênis, meia soquete, bermuda e camiseta sem mangas, faça chuva ou faça sol. Sempre muito limpa, limpíssima, descansa o cigarro no canto da boca, fecha um olho pra evitar a fumaça e enfia a mão livre nos cestos de lixo, à procura de latinhas.

O que teria acontecido com a Marilúcia, meu Deus? Invento uma história de liberdade para distingui-la da massa de catadores, anônima e depauperada. É isso. Ela teve uma doença que a privou de movimentos, recuperou-se e agora, senhora de si, explora a liberdade de não ter patrões, de vasculhar a intimidade das casas nos cestos de lixo.

Os bailes

Ela entrava majestosa no palco do Salão Modelo. Os olhos inchados. Na certa, tinha interrompido o choro para cantar. Era hora de dividir as mágoas com as fãs. "Junte tudo o que é seu. Seu amor, seus trapinhos. Junte tudo o que é seu e saia do meu caminho..."

As mães e as tias choravam por dentro. Toda mulher vivida se solidarizava com Dalva e sua coragem de cantar as dores de amor por Herivelto. Qual é o casal que não briga? Era uma solidariedade recalcada. Da boca para fora criticavam porque Dalva expunha coisas do casal. Ela não se importava, cantava ao mundo sua dor. As tias solteironas tinham uma espécie de sentimento de vingança: fora bom não ter casado. Deus me livre sofrer daquele jeito.

Na noite do baile, eu vestia um vestido de organdi branco, cintado por uma faixa rosa bem clara, abaixo dos seios, para não marcar os quadris. Os sapatos também eram brancos, fechados nos dedos e nas laterais, com uma tira de couro no meio, por onde passava a correia. O salto era de cinco centímetros, largo, bom para dançar a noite inteira. No cabelo, minha irmã tinha feito uma trança grossa de cada lado da cabeça, e as duas fechavam um U na nuca. Tudo pronto para encontrar um príncipe da Colônia Africana.

Eram vários os pretendentes, mas só um me interessava. Tínhamos nos visto na rua Esperança, eu descia de braços dados com minha irmã e a mãe. Meu irmãozinho segurando a mão da mãe. Íamos para o desfile dos blocos. Meu príncipe subia sozinho. Ao passar fez uma mesura para a mãe. Ela não disse sim, nem não, mas o olhou nos olhos, era quase um sim. Ele me lançou um olhar comprido e açucarado que durou o tempo de parar debaixo do lampião. Ainda estava escuro, o acendedor não havia chegado naquele ponto da Protásio. Ele preparou um cigarro e, quando sorriu, um conjunto de marfins bem desenhados reluziu no rosto de canela dele, iluminado pela ponta da taquara dentro do lampião que se acendia.

Eu gostava dos Turunas, que era rosa, e ele dos Prediletos, que era verde. Descobrimos dançando, mais tarde. Já tínhamos uma afinidade, o branco que completava as cores dos dois blocos. Dali para o casamento foi um passo.

Acabou, Norma, acabou!

"Menina, que coisa horrível! Você dormiu a palestra inteira, quase roncou!" "Ai, você não sabe da missa um terço. Não dormi nada esta noite. Teve uma briga de casal debaixo da minha janela. Eles não me deixavam dormir e, enfim, acabei me metendo." "Mas tava rolando violência?" "Física, não, só tortura psicológica." "Já é bastante coisa." "Pois é! O cara humilhava a Norma, era o nome dela, e a maldita não reagia. Meu sangue ferveu, até que não aguentei, explodi. Vamos tomar um café e te conto a saga."

"Fui dormir por volta de uma da matina e, uns quinze minutos depois de ter me deitado, estacionaram uma moto barulhenta quase debaixo da minha cama. Jurei a mim mesma, depois dessa, nunca mais alugo apartamento térreo. Findo o furdunço da moto, comecei a ouvir o bate-boca dos dois. Era patético! A Norma argumentando, argumentando, e o cara dizia uma frase pronta – "Acabou, Norma, acabou". "E a Norma?" "Insistia!" "Tá, tá, mas você vai contar ou não a conversa deles?" "Vou. Deixa tomar mais um café."

"A Norma dizia: 'Vamos tentar de novo, Andinho. Já brigamos tantas vezes antes. Quem é que vai lavar a sua coleção de bichinhos da Parmalat? Quem vai fazer a pipoca e levar a cerveja no sofá para você, em dia de jogo do Galo? Quem vai te consolar e ter paciência para esperar três dias até você se recuperar de mais uma derrota do Galo? Quem vai cortar suas unhas das mãos? Quem vai te lembrar que as unhas dos pés também merecem um carinho do cortador? Quem, quem? Quem vai ouvir a sua mãe dar explicações sobre cada prato que você gosta? Sobre o jeito de passar as suas camisas? Quem vai estourar suas espinhas e cravos? Quem, quem?'" "E o Andinho, lacônico: 'Acabou, Norma, acabou!'"

"'Que Norma, que nada! Para você eu sempre fui Norminha. Agora vem com essa formalidade de me chamar de Norma. Ai, Andinho, eu faço tudo o que você gosta, do jeito que você gosta, na hora que você quer.'"

"'Acabou, Norma, acabou.'"

"Quando a Norma começou a sapatear e a dar soquinhos nas costas dele, e a chorar fininho, com uma voz esganiçada que me doía os ouvidos, eu subi nas tamancas."

"Você ouviu os soquinhos?"

"Não, eu vi, antes das tamancas já tinha subido numa cadeira e bisbilhotei da janela do corredor."

"E aí, o que você fez?"

"Eu chamei a Norma à realidade. Disse, 'Oh minha filha, acabou, ele já disse. Vai ficar aí rastejando feito uma minhoca? Porque nem pra cobra você serve, se servisse já tinha dado uma picada na convicção dele. Parte pra outra. Homem no mundo é o que não falta. Vá procurar a sua turma e manda ele pentear macaco. Bichinhos da Parmalat!'"

"Aí foi aquele silêncio. Som mesmo só o das cigarras que ela deve ter acordado com aquele chorinho fino. Nenhum dos dois dizia palavra e eu não podia mais falar, a cena não era minha. O Andinho então subiu na moto, acelerou e saiu cantando pneu: 'Acabou, Norma, acabou!'"

"E a Norma?"

"Ah, menina, entrou no prédio batendo as portas. Eu, em casa, morrendo de medo de que ela aparecesse para tirar satisfações."

"E ela?"

"Não apareceu! Mas agora eu entro e saio do prédio temendo dar de cara com ela. Já pensou que situação?"

Foz

A benzedeira

A benzedeira, *dona* Norina, morava ali em cima, onde é a caixa d'água. Chamam tudo de Bela Vista. Ela cosia carne quebrada, emendava osso rendido e endireitava nervo ofendido. Curava até ofensa de cobra.

Era bam-bam-bam para dar jeito em cobreiro. Criança, sabe como é, não pode ver lagartixa que quer cortar o rabo para ver crescer de novo. Eu tinha duas irmãs da pá-virada, e elas cortaram o rabo de uma lagartixa pequena. A mãe delas deve ter ficado furiosa quando viu a filhinha cotó, jurou vingança. Esperou minhas irmãs dormirem e passeou pelos braços de uma e pelas pernas da outra. Deve ter urinado, de pirraça.

Quando as meninas acordaram, coitadas, estavam com a pele horrível, com umas manchas coloridas, outras desbotadas e aquela coceira infernal.

À medida que coçavam a pele, as manchas mudavam de cor e inchavam. Saía um pozinho, como se a carne estivesse desintegrando em poeira. As duas não paravam de chorar. Minha tia que tomava conta da gente, enquanto a mãe estava na tina, diagnosticou logo, era cobreiro, dos bravos. Rumamos as quatro para a casa de *dona* Norina. Chegando lá é que soubemos a história que já contei. *Dona* Norina explicou que as lagartixas-mãe se vingam das crianças que fazem covardia com as filhas delas. Sorte tiveram as duas meninas de não terem sido mordidas, porque mordida de lagartixa não tem cura. *Dona* Norina benzeu as duas, mandou voltar de três em três dias durante vinte e um dias, a contar da primeira benzeção. Sei que minhas irmãs cortaram um doze e nunca mais fizeram maldade com lagartixa nenhuma.

Dona Norina também era craque com criança aguada. Diz que a criança agôa quando passa vontade de comer uma coisa porque o dono da comida não deu um bocado. A criança fica com o olho vidrado, sem brilho, olhando para o nada. Fala pouco ou nem fala. Não brinca, não come, não tem alegria. Fica de boca aberta e baba. Minha tia, a mesma que levou minhas irmãs para benzer o cobreiro, era mestra em descobrir criança aguada, mas não sabia o que fazer com elas. Então, indicava *dona* Norina, que dava jeito na hora. Isso aconteceu muitas vezes, até que um dia *dona* Norina disse a ela: "Menina, na segunda-feira você venha sozinha, que vou te ensinar a benzer, viu?"

Vocês não estão me ouvindo?

Aconteceu naquela universidade onde o reitor disse que baiano só conseguia tocar berimbau porque é instrumento monocórdio. Deu um problemão, lembra? Se o besta tivesse dito negro no lugar de baiano, ficava tudo bem. Mas foi infeliz, usou o genérico "baiano", aí os brancos, os intelectuais, os artistas saíram a campo para se defender e para mostrar, inclusive, que o tal reitor não entendia nada de música.

Pois é! Era um jantar de encerramento de atividades da Faculdade de Educação e a professora, crente na singeleza do humano, rumou para o restaurante. Ela queria dar aos colegas a chance de interagir à base de bebidas e descontração, fora do ambiente acadêmico.

Os convivas estavam animados, bastante animados mesmo, quando ela chegou. "Professora

Fulana", alguém gritou. "A senhora veio. Junte-se aos bons!" Ela se sentou na ponta da mesa, fula da vida pela ironia do "senhora", pelo grito de anúncio de sua chegada, por ter acreditado que seria diferente. Já haviam feito os pedidos, mas alguém cercava o garçom para atendê-la.

A recém-chegada não tinha o que dizer e procurou ouvir as conversas para se ambientar. Não foi preciso esforço para inteirar-se do tema. Todos comemoravam o fim das aulas. Aquela chatice de trabalhos finais, alunos querendo negociar o excesso de faltas, outros barrados pela insuficiência de notas e os exemplos eram inevitáveis. "Você não acredita, teve um descarado que justificou a falta à aula no dia da entrega do último trabalho porque a casa dele alagou com a chuva". Outro professor pergunta: "E o talzinho ficou em casa tirando água?" Uma professora completa: "Não, vai ver a casa dele desabou e ele não entregou o trabalho porque foi soterrado". Risos gerais. Outra professora comenta, séria: "É isso que dá abrir a universidade para essa gente. Vocês já repararam no cheiro, quando eles se juntam? E o susto de vê-los andando em bandos com aqueles cabelos? Eu, quando vejo um bando deles, tremo, acho que vai ter arrastão". Risos gerais. "Não riam, não, é sério! São elementos de alta periculosidade, pelo menos a aparência deles e a dos bandidos é a mesma. Mas professor está sujeito a tudo, e por essa miséria que a gente ganha". Risos gerais. "É um tal de faltar à aula alegando não ter dinheiro para a condução. Não tem dinheiro, não entre para a universidade. Vá trabalhar, arranjar dinheiro. Mas não, o que eles querem é mamar nas tetas do Estado. Você falou do cheiro, mas e as roupas, e os chinelinhos? Meu Deus, compram roupa à baciada, na esquina dos aflitos". Mais risos.

A recém-chegada desiste de comer. O que ouve vai direto para o estômago, em brasa. O mesmo professor que havia anunciado sua presença aos gritos brada outra coisa: "Professora, a senhora está entre amigos, não vai beber nada? Comer? Não vai dizer nada?" Ela responde firme: "Vocês não estão me ouvindo?"

São três os meninos da minha rua

O primeiro gasta um terço do salário com cremes para relaxar os cabelos e muito perfume para o corpo. Por simples coincidência, é o mais bonito do grupo. Equilibra força e beleza nos traços do rosto e no desenho do corpo. Desposou a simpatia e está aberto a tornar-se amante de homens e mulheres que o olhem com olhos de ver.

O segundo é mais velho e compenetrado do que os outros. Corta os cabelos como Grace Jones e volta e meia os acerta no retrovisor de um carro estacionado.

O terceiro tem *dreads*, como eu. Fosse mala veia como o primeiro e eu o cumprimentaria como faço com os meninos em Salvador: "Digaê, rasta"!

Imagino que o primeiro goste de pagode, que toque em um grupo musical nos finais de semana quando fatura um extra para manter os cabelos sempre molhados e brilhantes, com ares de quem saiu do banho. O segundo, penso que estude à noite, em um pré-vestibular comunitário e, enquanto não passa no vestibular, devora as leis de trânsito para se tornar motorista da empresa de limpeza urbana. O terceiro justifica os *dreads*, é regueiro. Passando pelo *headfone* dele já ouvi a música de Bob.

Os três trabalham na minha rua todos os dias. Ganham água e café das donas de casa. Aliviam a solidão das velhas nos cinco minutos de conversa, enquanto se refazem do sol. Olham as novas que passam e esperam ser olhados também. Os três meninos da minha rua vestem o mesmo modelo, sempre em tons de abóbora. Só os cabelos são diferentes. Até os sonhos devem ser parecidos com os de outros meninos.

Prisioneiro

O homem entra atrasado na sala. Senta-se na última cadeira livre e a tudo observa, atento. À palestra segue-se o debate, respondo às perguntas, discuto os comentários, tudo transcorre bem. Algumas pessoas me apresentam livros para autógrafos, amigos vêm me cumprimentar e ele, agora em pé, me olha fixamente. Não se dá ao trabalho de fingir distração. Fico intrigada.

É um sujeito negro, não tão alto, mas forte. Tem um rosto duro, olhos quase vazios e tatuagens grosseiras nos braços, daquelas que os rapazes fazem na prisão.

As pessoas estão indo embora, os organizadores não aparecem, e eu resolvo sair junto com o último grupo de pessoas. Ao passar pelo homem à porta, cumprimento-o, ele responde solícito. Pergunta se pode falar comigo. Respondo que sim. Ele se apresenta, estende a mão, eu a aperto. Percebo o quanto é áspera e calejada. Máximo, é o nome dele. Conta que já leu meus livros. Pergunto se gostou. Ele responde que sim, por isso está ali. Olho-o, curiosa. Convido-o para um suco na cantina da universidade. Entre um passante e outro, um cumprimento e outro, conversamos.

"Quero que a senhora escreva a história da minha vida, dá um livro", Máximo afirma seguro. "Todas as histórias de vida dão um livro", eu retruco. "E escritoras gostam de escrever as próprias histórias", completo para desafiá-lo. "Mas a minha história é boa mesmo", ele insiste. "Acredito que sim, mas por que você mesmo não a escreve?" "Não posso!" "Por quê?" "Eu não teria coragem." "E o que o leva a pensar que eu teria coragem de contar a sua história?" "As coisas da senhora que já li." "Muito bem, é um bom argumento. Posso ouvir a sua história e contá-la do meu jeito se for mesmo uma boa história. Pode ser assim?" "Pode!"

Máximo me conta que foi presidiário por oito anos e está em liberdadecondicional. Fora preso porque se envolveu em um assalto e complicou-se na cadeia por que fora obrigado a matar um homem. Peço que ele detalhe a tal obrigação de matar. Ele me explica que fora questão de vida ou morte. O outro presidiário o flagara olhando com interesse para um homem que se exercitava no pátio. Ele não teve tempo de disfarçar e o outro chamou mais dois companheiros para dizer que ele era viado. Pegou-o pela garganta, enquanto os outros riam e começaram a roçar o sexo na bunda dele. Máximo não teve tempo para pensar, precisava defender sua honra e sua vida. Ele era um homem que gostava de homens, mas não iria virar mulherzinha dos caras na cadeia. Isso, não. Quase sem ar, conseguiu dar uma cotovelada no colega e livrar a garganta. Gritou, apelando para a ética prisional: "Aê, isso aqui é briga de homem. O cara tá duvidando da minha macheza e eu vou mostrar pra ele que sou sujeito homem. É briga minha e dele, vamos ver quem come o cu de quem". Era a senha. Nesse tipo de briga ninguém intervinha, era querela pessoal, e só terminava quando um fosse morto ou subjugado sexualmente. A hora certa para o combate viria.

Nos dias seguintes, atenção total. Máximo precisava redobrar os cuidados para que ninguém o visse em atitude suspeita. Na cadeia não tem meio termo, ou é homem, ou é mulher. Não tem homem com homem. Traveca é mulher, menino novo é mulher, efeminado é mulher, bonitinho é mulher e ele não seria mulher de ninguém. Ele era homem. E tinha mais homens como ele, mas, para a própria segurança, todo mundo se escondia atrás da macheza. Nem nos travecas dava para confiar. Um homem não podia dar para um traveca. Vontade não faltava de se deitar com um, contar um segredo, receber um carinho, mas a lei da sobrevivência era especialmente dura para eles que se defendiam como podiam. "Deu para traveca, fica na mão dele. Se ele conta ou mesmo mostra mais intimidade com o cara, mas não é intimidade de mulher com macho, a senhora entende? É intimidade do cara que sabe que o outro gosta de ser comido, que já comeu ele, o cara tá fodido. Traveca é mulher. Mulher não vale nada e se faz chantagem com homem é porque ele tem culpa no cartório. E, na dúvida, os caras fazem ele virar mulher também".

    Máximo estava atento para garantir a própria vida. Os colegas passaram a malhar na frente dele. Sempre que tinham chance massageavam o sexo e olhavam para o dele, para ver como reagia. No refeitório faziam um teatro debaixo das mesas para chamar a atenção, eram os pintos para fora da calça. Isso sempre acontecia, todo mundo extravasava assim, buscando atrair a atenção dos mulherzinhas. Mas agora era um espetáculo dirigido ao Máximo. Tinha rodízio de travecas embaixo das mesas e eles se levantam extasiados com a cara lambuzada. Máximo tinha desenvolvido um autocontrole extremo. Sua vida estava em jogo. Além de serem violentados, os mulherzinhas estavam diretamente expostos à AIDS. Os malucos eram todos contaminados.

Uma tarde, fim de expediente da fábrica de vassouras, o desafeto emboscou Máximo. Torceu um braço dele para trás e pôs uma navalha em sua garganta. Mandou que ele arriasse a calça. De novo, Máximo não tinha tempo para pensar, devia agir com precisão. Sua única chance era desarmar a mão que segurava a navalha, mesmo que isso lhe custasse o outro braço quebrado. Tudo aconteceu em segundos e ele contou com a sorte. Na briga, o cara se desequilibrou e ao cair bateu a cabeça num degrau. Máximo aproveitou a tontura do inimigo e chutou o rosto do sujeito com toda a força, diversas vezes e quando aquilo era uma massa de sangue, pisou no pescoço dele até ouvir um *crec*. Pensou: "se não matei, aleijei".

Tinha matado em legítima defesa, cumprindo a ética da cadeia. Estava livre para voltar a ser homem em paz.

Ônibus especial

Foi em Goiânia, na Praça da Bíblia, que eu vi um ônibus exclusivo para empregada doméstica. O primeiro sai às 5h, o segundo às 5h30 e o último às 5h45. No retorno do condomínio sai um às 20h, outro às 21h e o último às 22h.

Empregada não tem carro para chegar naquele fim de mundo, mas elas ainda reclamam, queriam ônibus de quinze em quinze minutos, vai ver. Alegam que o de 5h45 vai muito cheio. Vai cheio porque as dondocas não querem saber de acordar cedo, entram às 7h e ainda reclamam. Não pensam nos filhos dos patrões que têm de sair cedo para a escola e não tem ninguém para preparar um café fresquinho. No meu tempo era diferente, empregada morava na casa do patrão. Lá em casa elas nunca tiveram do que reclamar. Tinham o próprio quartinho, limpinho, com porta.

Era como se fossem da família. A *dona* Fátima foi empregada lá de casa desde que minha mãe casou. As filhas dela eram cria nossa, ajudavam desde pequenas e aprenderam um ofício para garantir o futuro. Hoje elas estão bem, empregadas nas casas da nossa família. Todo mundo respeita, porque é quase da família. Pelo menos, até onde eu sei, as filhas da *dona* Fátima nunca fizeram a iniciação sexual dos meninos das casas onde trabalharam, como a gente vê muitas por aí. Porque elas são safadinhas, vamos dizer a verdade. Quando são cria da família, fica mais fácil controlar.

Mas empregada é mesmo um bicho danado, não se contenta com o que tem. Outro dia, elas estavam reivindicando um ônibus que saísse às 18h para as que estudam à noite. Veja só você, a empresa dá a mão, elas querem o pé. Empregada do meu tempo só ia dormir depois de servir a janta, lavar os pratos e deixar a cozinha limpa. Aquelas, sim, eram empregadas boas. A *dona* Fátima, mesmo, almoçava de pé, com o prato em cima da pia. Para quê? Para deixar as mãos livres caso precisasse acudir minha mãe com os filhos pequenos. Empregada tinha compreensão. Hoje, elas querem sair cedo para estudar e deixar os patrões sem janta.

A última delas, você não sabe. Elas queriam que o ônibus tivesse alguns pontos no condomínio, ao invés de largar todas elas na parada única. Imagina se os patrões iam querer aquele navio negreiro circulando pelas alamedas arborizadas? Tenha dó! Deixa como está, é bom para elas se exercitarem um pouco. Empregada doméstica moderna é sedentária, tem eletrodoméstico demais à disposição.

Solidariedade

Poliana já havia tentado sorrir para a moça na fila do caixa, mas ela abaixara a cabeça. As duas eram as únicas mulheres negras no ambiente, além das moças que trabalhavam na cantina, não havia porque não se entenderem.

Poliana fez a segunda tentativa. Olhava fixamente para a moça que percebia e desviava os olhos. Em segundos, ela fez a leitura sociológica da situação: pessoas negras que ainda não têm a força da consciência racial sentem-se mais protegidas quando se afastam dos outros negros e procuram se diluir no meio dos brancos. Coitada, como se existisse solvente tão potente para a negrura num ambiente racista.

Poliana estava convencida de que a moça precisava de ajuda (para descobrir-se negra) e de companhia. Insistiu em buscar os olhos da furtiva colega, até que os encontrou e, finalmente, pode sorrir para ela. A moça, a contragosto, retribuiu com um sorriso tímido. Suficiente para encorajar Poliana a fazer-lhe companhia durante o almoço. Aproximou-se, deu boa tarde, pediu licença para sentar. A moça assentiu, contrariada.

Poliana já imaginava a grande amizade que poderiam construir. Ela, candidatando-se ao mestrado. A moça também, ou talvez já fosse estudante do departamento. Toda a sua vida ela saberia agora. Começou se apresentando. Disse o nome, era professora na rede estadual, ganhava uma miséria, portanto. Tinha dois filhos lindos e estava recém-separada. Fora uma história de amor bonita que não dera certo, mas o desenlace fora civilizado. Ao final das contas, o marido, um terceiro filho de fato, fora embora. Interrompeu as confidências. Achou de bom-tom perguntar algo sobre a moça. Pensou primeiro em abordar a timidez dela de maneira indireta, mencionando quanto certos espaços sociais pressionam os negros, inibem seu brilho, e a universidade seria um deles. Qualquer coisa que pudesse deixá-la à vontade.

Começou perguntando o nome da colega. A moça ficou tão nervosa para responder que conseguiu derrubar os talheres no chão. Por fim, grunhiu que se chamava Ana Cláudia. Emudeceu. Poliana insistia. O que Ana Cláudia faria ali? Era mestranda, ela respondeu quase chorando. Seria de Belo Horizonte, mesmo? Não, era do interior.

Ouvidas as três primeiras respostas secas, Poliana ensaiava alguma pergunta mais subjetiva, mas a moça terminara de almoçar. Pediu licença, agradeceu a companhia, saiu quase derrubando a bandeja. Que mulher estranha. Como o racismo nos oprime. Nisso, chega uma amiga que também fora levar a documentação de inscrição no mestrado. "Amiga, não entendi nada do seu almoço com a Ana Cláudia"... "Ah, você a conhece? Que moça arredia, difícil de conversar... espera... Ana Cláudia! Mestranda, negra, veio do interior... nãoooo! Nãoooo!" "Simmm, simmm, é ela!"

Ana Cláudia! A namorada do ex-marido! Ele havia dito que a relação com Poliana chegara ao fim, porque agora, como mestrando, ele, o marido, era um homem negro com mais valor no mercado. Era ela, então, o fator de especulação financeira.

Querubim pretim

O diploma a esperava na secretaria da universidade. No trajeto de trem e metrô, o velho filme de sacrifícios passava na janela de todos os dias. Sorriu orgulhosa de si e correu para a casa da avó que preparara bolo e café para a comemoração.

A velha senhora molhava as plantas de costas para a rua e pensava na neta quando ouviu seus pulinhos, os mesmos desde criança. Pulinhos e palmas, as palavras engolidas pela alegria, os braços abertos e a corrida para abraçá-la. Querubim, você chegou. Trouxe o diploma? Trouxe, vó, trouxe sim, olha!

Alexandra agora tinha uma profissão, um ganha-pão e muitos sonhos. O mais imediato deles era ter seu nome num cartão de visitas: Alexandra Amoreira – Tradutora de Libras. O outro era colocar peitos, o implante já estava marcado dali a seis meses.

Precisava apenas juntar o dinheiro. Tudo direitinho, feito por uma médica recomendada por amigas, num hospital decente. Fazia acompanhamento no SUS há quatro anos e tinha fé que nos próximos dois conseguiria se livrar daquilo que nunca fora seu.

A avó não gostava da ideia, tinha medo, dizia que seu Querubim não seria uma coisa nem outra, seria um ser estranho no mundo. Alexandra retrucava, estranha ela já se sentia vivendo naquele corpo. Querubim pretim (a avó alertava), toma cuidado, meu dengo, não vá procurar sofrimento. Eu quero é livramento, vó, livramento.

E Alexandra bateu em muitas portas à procura de trabalho. Mesmo havendo um universo amplo de ONGs para atender, conseguiu menos respostas positivas do que imaginava. Teve gente que implicou com sua voz, mas ela teve presença de espírito e perguntou se a voz que não agradava contaminaria seus gestos.

Ainda trabalhando menos do que desejava, exercia a função de tradutora de Libras, não recusava trabalho, todos *frilas*, pois ninguém queria contratá-la para algo mais duradouro, nem aquele banco que vendia a imagem de compromisso com a diversidade. Acontece que o processo de transição amedronta meio mundo.

Chegado o grande dia, achou que seria muito forte para a avó acompanhá-la durante a cirurgia. Convocou uma amiga sapatão, que todo mundo achava barraqueira, para brigar pela vida dela, caso fosse necessário. A avó só seria avisada quando passasse o efeito da anestesia. A amiga, daquelas que resolviam tudo, passou de carro na casa da avó para levá-la ao hospital.

Querubim pretim, ela dizia acariciando-lhe o rosto e reconhecendo a menina amada desde pequena, você é teimosa, procurou sofrimento. Não, vó, foi livramento o que procurei.

Agora, quando andava pelas ruas e ouvia toda a sorte de grosserias e propostas vulgares feitas pelos homens, caras de nojo e credo em cruz por parte das mulheres, pensava se a avó não teria razão. Retornou aos antigos lugares de trabalho. Recebeu reticências e recriminação nos olhares das pessoas, ao mesmo tempo que desejavam seu corpo transgressor. Ela não tinha olhos nem pensamento para flertes, só queria ser admitida para exercer sua habilitação. O trabalho ia escasseando até que uma ex-contratadora foi direto ao ponto e lhe explicou que precisavam de pessoas mais sóbrias para a tela nas transmissões em vídeo. Ela portava muita diversidade num corpo só: cabelo volumoso, cor demais, um rosto bonito, porém anguloso e andrógino, e o golpe de misericórdia: os seios transbordantes. Precisavam de figuras mais discretas, que chamassem menos atenção.

Achava um absurdo escorar-se economicamente na avó, mas o dinheiro estava acabando. Além disso, não queria interferir na rotina pacata da velha, na relação de décadas com os vizinhos que a respeitavam.

Sendo cem por cento sincera, Alexandra tinha medo de se tornar mais uma vítima da sanha assassina dos carrascos que agiam à luz do dia naqueles tempos de sombras, instigados e protegidos por altas patentes, que lhes permitiram matar sua amiga Dandara, a pauladas. Também não gostaria de fazer programas, contraditoriamente, o único trabalho que parecia lhe sorrir. A avó tinha razão? Teria mesmo buscado sofrimento?

Para sair do beco estreito e mal iluminado que a vida lhe impusera, criou um perfil numa rede social e marcava encontros com homens que se faziam de finos, inteligentes, interessantes, mas na hora H se mostravam toscos, rudes. Apanhou de alguns, ficou presa numa casa com dois gringos que ameaçavam matá-la se ela não cumprisse a maratona sexual de quinze dias, tempo de duração da viagem para conhecer os prazeres do Rio. Eles lhe forçavam a tomar pílulas que a deixavam acordada, e ela já não sabia mais o que era dia ou noite, nem se sairia viva dali. Deixou por lá seis quilos, desenvolveu olheiras e hematomas assustadores, foi diagnosticada com hepatite e temeu ter adquirido doenças incuráveis.

As amigas a convidavam para se prostituir fora do Brasil, pegar homem rico. Alexandra era um tipo que faria sucesso em Milão, Paris, Barcelona. Ela resistia, não queria interromper o tratamento no SUS.

Não tinha muito tempo para pensar em afeto. Amor, só conhecia o da avó, mas quando imaginava uma situação de carinho com alguém, de intimidade sexual, pensava em mulheres e alguma coisa lhe aquecia o peito, lembrava-se das meninas que lhe despertavam desejo na adolescência. Tinha vontade de formar um casal afro-centrado com uma mulher, ter filhos talvez – duas mães lindas, amorosas. Mas só conseguiria quando eliminasse o constrangimento do próprio corpo excitado, um corpo que ela não reconhecia.

Na puberdade aquele sentimento era impossível de compreender: como é que ela gostava de meninas sendo menina também? Não fazia sentido, aquele corpo a deixava confusa. Por isso ela sempre fugiu dos meninos-machos que a convidavam para aventuras atrás do barranco ou na fábrica abandonada. Ela desconfiava de que eles queriam fazer dela uma pata ou uma galinha de quintal, arrombada e depois largada no mato, agonizante. Tampouco conseguia se relacionar com meninos gays que a viam como um igual.

Tudo floresceu e passou a fazer sentido no dia em que ela viu aquele casal de lésbicas pretas no Bar da Luzia. Ela reparou quando uma delas foi buscar o vinho no balcão. Uma taça de vidro, outra de plástico. A mulher ofereceu a taça de vidro para a amada e bebeu na outra.

Notou também quando elas terminaram o vinho depois de tantos beijos e risos e uma quis beber água. A mulher que recebeu o vinho se levantou dessa vez, e, quando voltou, a outra estendeu a taça de plástico na qual havia bebido para receber a água. Ela não aceitou. Pegou aquela que fora a sua taça, a de vidro, colocou um pouco de água e movimentou-a, fazendo o vermelho do vinho escorrer para o fundo. Bebeu o líquido avermelhado. Depois encheu a taça limpa de água e deu-a à amada, na boca.

Ali, Alexandra compreendeu tudo, ficou enternecida, se emocionou mesmo. Tanto mundo, tanto mimo em gestos de delicadeza que mostravam que valia a pena viver e cuidar, amar. Ela sonhava com um relacionamento assim, com uma mulher que a motivasse a se mostrar inteira e delicada.

Viveu a condição de trabalhadora do sexo nos quatro anos seguintes à cirurgia que deu forma aos peitos, a contragosto. Agora estava numa encruzilhada. Recebera da médica a notícia da liberação do SUS para realizar a cirurgia que concretizaria seu processo de transição. O problema novo era ser operada e abrir mão da principal ferramenta de trabalho.

O lugar de fala de quem se pergunta: em que inimaginável mundo novo vivemos?

No trajeto do metrô Tatuapé-República encontrei um velho conhecido, daqueles que a gente conhece por foto, voz, trajetória, mas nunca trocou mais do que cumprimentos gentis. Foi a chance de externarmos admiração mútua e de o papo dar início a uma nova amizade.

Eu vinha do aeroporto, meio chateada porque o carro combinado para me levar ao hotel não apareceu. Irritada comigo porque não pedi o telefone do motorista, tampouco anotei o telefone da organização do evento. Descuidos típicos de quem tem pressa, mas também subestima a necessidade de se manter prevenida na própria cidade, São Paulo.

Ele vinha da Igreja do Rosário dos Homens Pretos da Penha, onde havia dado uma palestra. Elogiava a organização e gentileza das pessoas que o convidaram, compensação para ter acordado tão cedo naquele sábado.

Falamos sobre nossas vidas profissionais, sobre a situação política do país, sobre a mídia hegemônica e seu papel fundamental no golpe de 2016 e na retroalimentação do golpe em 2017.

Descemos na mesma estação. Aproveitei para convidá-lo a comer empadas e tomar café. Ele fez outra proposta, podíamos almoçar, pois já eram quase 14h e como meu trabalho era às 18h, presumiu, atencioso, que eu não teria outro horário para o almoço. Agradeci e insisti pelas empadas. Aquela seria a única chance de comê-las porque só ficaria na cidade por dois dias.

Tomamos assento na empadaria mais saborosa do mundo e continuamos a conversar sobre mídias, agora, as digitais. Discutíamos os excessos, os afetos, as manipulações em entrevistas, a infantilidade discursiva de tantos personagens; os debates inférteis e surreais, a versão contemporânea dos confessionários e tribunais de inquisição materializada nas redes sociais mais populares.

Quando comentávamos uma matéria específica, chegamos ao tema "solidão da mulher negra".

Expressei opinião divergente da tônica comumente adotada, o abandono afetivo das mulheres negras pelos homens negros. A mim interessava pensar a solidão das mulheres negras nos espaços de poder. O isolamento de sermos uma só a cada vez: no conjunto dos ministérios ou secretarias de governo; no corpo diretivo de uma universidade, ou mesmo de um departamento; numa premiação de empreendedores sociais; na direção de organismos internacionais; nas bancas de concursos e num sem-fim de lugares decisórios.

O novo amigo concordou e ponderou também sobre a solidão dos homens negros naqueles mesmos espaços, principalmente dos homens gays. Mesmo assentindo, contra-argumentei que uma questão mais grave pesava a nosso desfavor. Nós, mulheres negras, vimos nos escolarizando mais do que os homens negros há pelo menos três décadas. Contudo, do número de anos estudados e maior presença nos cursos de graduação e pós-graduação não se refletia na ocupação de espaços de poder.

Nesse momento, depois que eu já havia feito alguns comentários mais pessoais sobre percalços enfrentados por amigas negras que ousam disputar poder nas universidades e brigar, por exemplo, para presidir bancas de concursos para a seleção de novos colegas, o amigo partilhou uma situação que o angustiava. Responsável há alguns anos por disciplina que abarca o tema da diversidade cultural, ele julgava imperativo trabalhar as questões de gênero. Qual não foi sua surpresa, quando em dado semestre, ao apresentar o programa, viu-se obstado por um coletivo feminista de três ou quatro alunas brancas que o interceptou para advogar que ele não poderia tratar a temática de gênero em sala de aula. Chocado, ele quis saber o porquê. Recebeu a seguinte resposta de teleponto: ele era homem, tinha privilégios e não poderia roubar o protagonismo das mulheres.

A cabeça do amigo professor pesou porque ele vinha de uma formação educacional, na qual suas colegas reclamavam de que as questões de gênero só eram tratadas em matérias optativas ministradas por professoras feministas. Ele, por sua vez, entendia que qualquer abordagem de questões de diversidade será incompleta e insuficiente, caso não considerasse as relações de gênero e o papel fundamental do feminismo e das feministas no enraizamento e florescimento da temática. Por isso, ele nunca ministrava o curso sozinho. Fazia-o convidando várias mulheres a falar de diferentes formas, seja por meio da bibliografia que embasava o curso, pelo conteúdo dos trabalhos de pesquisa e intervenção social discutidos, seja pelo convite para que mulheres trabalhassem certos temas durante as aulas.

Tudo isso explicado, as moças insistiram que o professor roubava o protagonismo das mulheres e que ele, enfim, não desfrutava do decantado "lugar de fala", senha que lhe permitiria abordar o tema gênero.

Como bom professor (meu juízo de valor sobre o amigo), ele resolveu convidá-las para protagonizar, no rádio, debate sobre lugar de fala, feminismos, direitos das mulheres e produção de conhecimento. Só na segunda tentativa o coletivo respondeu ao convite formal do programa radiofônico recusando-o com base nos argumentos que usados em sala de aula.

O professor-radialista insistiu no tema e convidou para o programa, outros coletivos feministas, mais velhos na universidade, informando-os sobre a negativa do primeiro coletivo e sobre a argumentação da recusa. Acrescentou ainda, que se as convidadas concordassem com aquilo, deviam sentir-se à vontade para declinar da proposta.

Convite aceito, os coletivos compareceram e fizeram um instigante debate. Entretanto, cara leitora, você se engana ao pensar que a questão foi encerrada com esse desfecho feliz.

O tal coletivo novíssimo, talvez forçado a se justificar pelo fato de outros coletivos mais velhos, maiores, mais diversos (compostos também por feministas negras ou exclusivamente formados por elas) terem participado do programa, escreveram uma postagem, na qual desqualificavam publicamente o professor negro, chamando-o de machista e de usurpador do lugar de fala das mulheres.

Incrédulo, o professor aconselhou-se com colegas que minimizaram o fato, classificando-o como bobagem. O problema é que, para nós, pessoas geradas em contextos históricos de discriminação, não é normal que um pequeno coletivo nos acuse (sem provas, baseado em convicção performática) de tomarmos o lugar do opressor. Não é aceitável.

Exausto, o professor procurou uma feminista septuagenária, branca, decana na universidade para perguntar a ela o que estava acontecendo. O que aquilo significava. Ela, uma feminista séria (juízo de valor meu, novamente) aventou a possibilidade de que aquilo configurasse discriminação racial, travestida de discurso feminista radical. Afinal, na opinião do novíssimo coletivo feminista, quem seria aquele professorzinho negro, para falar sobre gênero e para trazer feministas negras como referências para o debate?

Concordei com a análise da feminista decana. Tratava-se do velho e mimético racismo anti-negro manifesto no tal lugar de fala do novíssimo coletivo feminista branco.

Segue o baile!

Impresso em outubro de 2020.
Que este livro dure até antes do fim do mundo.